WERKSTATT DEUTSCH

als
Zweitsprache D

Schroedel

Dieses Heft gehört:

Das kann ich schon

Merals kleiner Bruder hat die Wörterkiste durcheinander gebracht.
Kannst du beim Sortieren helfen?

1. Kreise die Verben ein.
2. Male Artikelpunkte vor die Nomen.
3. Unterstreiche die Adjektive.
4. Welche Wörter bleiben übrig?

es schreit   das Buch   laufen   die Schaukel

ein Auto   die Zähne   die Hose   frech

mit   neu   eine Giraffe   das Obst

er ist   die Kinder   winzig   ich wasche

schmutzig   durch   die Katze   wo

viele Teller   das Lineal   ein Stundenplan   warum

weglaufen   der Geburtstag   eine Tasche

die Schule   in   rot   sie lachen   vor

ein Mädchen   die Bananen   wann

eine Uhr   voll   du sammelst   eine Maschine

wie   wütend   ein Zeichen   aus

dünn   wer   blau   ihr feiert

ein Affe   ein Radweg   was

wir gewinnen   weshalb   sie hält an   der Baum

neben   der Würfel   Jacken

1 Trage die Nomen in die Tabelle ein.

○ der / ○ ein	○ die / ○ eine	○ das / ○ ein	○ die / ○ viele
Geburtstag			

2 Schreibe auf, wie etwas ist.

Der Würfel ist eckig und rot. ____________________

____

____

3 Schreibe Sätze mit Wörtern aus dem Wörterkasten.

Die blaue Hose in der Tasche ist schmutzig. ____________________

____

____

4 Die Artikel können sich im Satz verändern. Setze ein.

Im Gras liegt ○ *ein* ______ Roller. Es ist ○ *der* ______ Roller von Sinan.

Sinan sitzt auf ○ ______ Wiese und wartet auf Meral. Meral bringt ○ ______ Korb mit. ○ ______ Kinder machen ○ ______ Picknick.

Sie öffnen ○ ______ Packung Kekse, trinken Saft und spielen mit ○ ______ Ball. Zum Schluss hilft Sinan ○ ______ Schwester, ○ ______ Müll einzusammeln und in ○ ______ Korb zu legen.

Dann fahren sie mit ○ ______ Fahrrad und ○ ______ Roller nach Hause.

1 Am Abend erzählt Meral ihren Eltern, was sie und Sinan gemacht haben.
Setze die Verben im Perfekt ein.

„Ich *bin* in den Park *gefahren*.
✓ Sinan hat auf der Wiese auf mich gewartet.
✓ Wir haben ein Picknick gemacht.
✓ Wir haben uns auf eine Decke
✓ gesetzt.
✓ Dann haben wir eine Packung Kekse geöffnet,
✓ Saft *getrunken* und mit dem Ball gespielt.
✓ Sinan hat mit mir den Müll gesammelt
✓ und in den Korb gelegt.
✓ Dann sind wir mit dem Fahrrad und dem
✓ Roller nach Hause gefahren."

~~fahren~~
warten
machen
setzen
gesetzt
öffnen
spielen
sammeln
legen
fahren

Sinan will Sätze wie Meral schreiben. Hilf ihm!
Wer schafft die längsten Sätze?

1 Deniz (zieht) seine schmutzigen Schuhe (aus.)

Deniz ~~zi~~ setzt seine kape auf.

Der ~~Bus~~ grüne Bus fährt schnell weg.

Die rot-weiße katze läuft schnell weg.

2 Wir (haben) vorgestern mit Meral (gespielt.)

Die kinder haben 9-3=6 gerechnet.

Die kinder aus der 3B klase haben so gelacht.

Benny und susi haben auf der wandtine katze gemalt.

3 Oktay (darf) heute früher in die Pause (gehen.)

soll muss kann schlafen machen schwimmen

Oktay kann sehr gut schwimmen. Oktay muss ins Bett gehen und schlafen. Oktay soll essen und dan ~~schlafen~~ die Hausaufgabe machen.

Lieber Deniz,

wie geht es dir? Ich bin jetzt schon vier Wochen in meiner neuen Schule. Die neue Schule ist genauso groß wie die alte. Aber meine neue Klasse ist größer als die alte Klasse. Wir sind fünf Kinder mehr als ihr.

Hier ist es ganz gut. Aber manchmal vermisse ich dich und die anderen Freunde sehr. Dann denke ich, alles war in der alten Schule besser als hier.

In der Pause spiele ich mit vielen Kindern, vor allem mit Samira und Kevin. Sie sind meine neuen Freunde. Samira ist hier meine beste Freundin.

Sie ist genauso alt wie ich. Ich spiele gern mit ihr Fangen.

Aber lieber bin ich mit dir Skateboard gefahren! Am liebsten würde ich mit euch beiden spielen!

Viele Grüße Kim

Kim und Deniz telefonieren.
Deniz möchte möglichst viel über Kims neue Freundin Samira wissen.

langsam – langsamer – am langsamsten

weit – weiter – am weitesten

alt – älter – am ältesten

jung – jünger – am jüngsten

groß – größer – am größten

klein – kleiner – am kleinsten

gern – lieber – am liebsten

gut – besser – am besten

viel – mehr – am meisten

1 Beschreibe einen Freund oder eine Freundin.
Schreibe mindestens acht Sätze in dein Heft.

Mein Freund ist kleiner als ich.

Samira beschreibt ihre neue Freundin.

Sie	hat	ein**en** rot**en** Pullover an.
Sie	trägt	ein**e** blau**e** Hose.
Sie	hat	ein schnell**es** Fahrrad.

Das ist	○ ein roter Pullover.	→	Sie hat	○ ein**en** rot**en** Pullover an.
Das ist	○ eine blaue Hose.	→	Sie trägt	○ eine blaue Hose.
Das ist	○ ein schnelles Fahrrad.	→	Sie hat	○ ein schnelles Fahrrad.
Das sind	○ blonde Haare.	→	Sie hat	○ blonde Haare.

1 Beschreibe ein Kind genau.

Das Kind hat ______________________ Pulli an.

Es trägt ______________________ Hose.

Außerdem hat es ______________________.

2 Auch du kannst mit anderen Kindern ein Ratespiel spielen.
Wer ein Kind erraten hat, darf ein neues Kind beschreiben.

Er/sie hat ...

Yumi ist schrecklich traurig, weil ihre Katze weggelaufen ist. Zusammen mit Meral schreibt sie eine Suchanzeige. Sie wollen die Katze so genau wie möglich beschreiben und die Zettel an viele Bäume hängen.

1 Was können die beiden schreiben?

Katze entlaufen

Sie hat ______________________________

____

____

____

____

____

____

2 Du hast etwas verloren. Beschreibe es einem anderen Kind ganz genau. Dein Partnerkind kann es dann auch so genau wie möglich malen. Danach wechselt ihr.

Du kannst Adjektive besonders interessant machen, wenn du noch ein Nomen davor setzt.

1 Ein blitzschnelles Rennauto ist schnell wie ein *Blitz*.

Ein bärenstarker Mann ist stark wie ein ______________________.

Ein himmelblauer Pullover ist blau wie der ______________________.

An einem eiskalten Wintertag ist es kalt wie ______________________.

2 Versuche eine Person mit zusammengesetzten Adjektiven besonders interessant zu beschreiben.
Dabei kannst du dir auch selbst solche Adjektive ausdenken.

Mein Freund ist wunderschön.

Sein Fußballtrikot ist zitronengelb.

Er spielt bärenstark Fußball.

Seine Torschüsse sind messerscharf.

Aber natürlich bin ich als Torwart blitzschnell!

3 Schreibe noch mehr Wörter, die du gefunden hast.

____

1. Beschreibe einen Menschen genau.
Wen möchtest du beschreiben?

Ich beschreibe meine Freundin oder meinen Freund.
Meine Freundin hat ...

Ich beschreibe meinen Lieblingssportler oder meine Lieblingssportlerin.

Ich beschreibe meine Lieblingssängerin oder meinen Lieblingssänger.
Meine Lieblingssängerin heißt ...
Sie hat ...

Ich beschreibe für meine Fantasie-Geschichte einen Piraten oder eine Hexe oder ...
Der Pirat hat einen schwarzen Hut.

2. Macht mit euren Personenbeschreibungen eine kleine Ausstellung.

3. Viele Menschen haben Vorbilder, Idole oder einen Helden oder eine Heldin. Das kann jemand sein, der etwas gut kann oder auch jemand, der etwas Besonderes geschafft hat.

Welche Vorbilder und Idole hast du?
Erzähle von ihnen, sammle Bilder von ihnen und beschreibe eine Person.
Warum findest du die Person so gut?
Warum ist sie so berühmt?
Möchtest du auch so sein? Warum?
Sprich mit einem anderen Kind darüber.

Deniz hat eine Idee

Es war ein herrlicher Tag im Mai. Deniz und die anderen gingen zu einer Wiese am Waldrand.
Sie sammelten Löwenzahnblüten, weil sie Sirup daraus kochen wollten.
„So viele gelbe Blüten“, freut sich Meral. „Meine Oma hat erzählt, dass in der Türkei jetzt der Mohn blüht. Aber bald werden dort die Wiesen ganz braun sein.“
„Warum werden hier die Wiesen nicht braun?“, wundert sich Deniz.
„Weil es oft regnet“, antworten einige Kinder. „Pflanzen brauchen Wasser, damit sie wachsen können.“ „Ja, sie brauchen Wasser.“ „... und Licht.“
„Sie brauchen ... .“ Alle redeten durcheinander und überlegten, was Pflanzen brauchen.
„Seid doch mal leise!“, rief Deniz. „Ich habe eine Idee.“

Die Kinder wollen einen Versuch machen und überlegen, was sie dazu alles brauchen.

1 Lies und ergänze.

Sie *brauchen* Blumentöpfe und Erde, *weil* sie Erde in Töpfe füllen wollen.

Sie __________ Bohnen, ________ sie die Bohnen in die Erde legen wollen.

Sie __________ Kartons, ________ sie zwei Töpfe abdunkeln wollen.

Sie __________ Wasser, ________ sie in zwei Töpfen die Pflanzen gießen wollen.

2 Kreise die Verben ein. Wie viele sind es in jedem Satz?

3 Zum Schluss nummerieren die Kinder die Töpfe. Warum?

4 Welche Wörter sind verwandt?

○ der Spross ○ ~~der Hinweis~~ ○ die Blüte
○ der Versuch ○ die Nummer ○ der Keim

hinweisen *der Hinweis* | blühen __________

versuchen __________ | nummerieren __________

sprießen __________ | keimen __________

Die Kinder bereiten den Versuch vor.

1 Beschreibe, was die Kinder tun.
Ordne dann die Bilder und schreibe auf.

☐ *Die Kinder legen Bohnen in die Erde.*

☐ ______________________________

☐ ______________________________

☐ ______________________________

2 Was passt zusammen? Verbinde.

1.	Dann …
2.	Zuletzt …
3.	Zuerst …
4.	Danach …

3 Du willst diesen Versuch auch vorbereiten.
Wie gehst du dabei vor? Schreibe einen kurzen Text.

Beginne so: *Zuerst fülle ich Erde in vier Töpfe.*

____

____

____

WARUM?

Der Versuch ist abgeschlossen. Was stellen die Kinder fest?

1 Notiere ihre Versuchsergebnisse. Bilde aus zwei Sätzen einen.

Die Bohnen konnten nicht wachsen.
Sie hatten kein Licht und kein Wasser.

Die Bohnen konnten nicht wachsen, weil sie kein Licht und kein Wasser hatten.

Die Bohnen konnten nicht gut wachsen.
Sie hatten kein Licht.

____

Die Bohnen konnten nicht wachsen.
Sie hatten kein Wasser.

____

Die Bohnen konnten gut wachsen.
Sie hatten Licht und Wasser.

____

2 Erinnerst du dich, was Merals Oma von ihrem Land erzählt hat?
Was weißt du über Pflanzen in anderen Ländern? Erzähle.

1 Was weißt du alles über Pflanzen? Erzähle.

2 Lies den Text.

Pflanzen

Pflanzen wurzeln in der Erde, ernähren sich aus den Bestandteilen des Bodens und wachsen durch Licht, Luft und Wasser. Pflanzen sind Lebewesen wie Tiere und Menschen. Sie entstehen aus einem Keim, wachsen und sterben.

Pflanzen sind sehr wichtig für unsere Luft, denn nur Pflanzen können mithilfe des Sonnenlichts Sauerstoff herstellen, ohne den wir und die Tiere nicht leben können.

Auch für die Ernährung von Menschen und Tieren sind Pflanzen von großem Nutzen.

Aber auch Pflanzen benötigen Nahrung für ihr Wachstum. Deswegen ziehen sie mit ihren Wurzeln Wasser und die darin enthaltenen Mineralstoffe aus dem Erdboden.
Es gibt nützliche Pflanzen und solche, die man Unkraut nennt.
Bäume, Sträucher, Gräser und Blumen sind Pflanzen.

3 Kläre, was du nicht verstanden hast.

4 Erzähle, ob du neue Informationen über Pflanzen bekommen hast.
Besorge dir Kinderlexika. Lies die Artikel über Pflanzen und vergleiche sie.

Plane auch einen Versuch.

1. Was weißt du schon?

2. Fragestellung:
Was willst du herausfinden?

3. Vorbereitung:
Was musst du besorgen?
Wann willst du den Versuch durchführen?
Wo willst du den Versuch durchführen?
Wer soll dir dabei helfen?

4. Versuchsdurchführung

1.
2.
3.
4.

5. Ergebnissicherung

→ Notizen
→ Tabelle
→ Tafelbild
→ Plakat

Liebe Eltern,

am Freitag, dem 26. Mai, ist sie nun endlich da: Unsere Lesenacht!
Wir treffen uns um 18.00 Uhr vor der Schule und gehen gemeinsam zur Bücherei.
Zuerst spielen die Kinder draußen auf der Wiese.
Zum Abendessen grillen wir.
Gegen 20.00 Uhr beginnt die Lesenacht. Bis etwa 22.00 Uhr schmökern wir in verschiedenen Büchern. Danach lese ich Gruselgeschichten vor.
Um 23.00 Uhr gehen wir schlafen. Am nächsten Tag um 7.00 Uhr stehen wir wieder auf. Dann gibt es Frühstück in der Schule.
Bitte holen Sie Ihr Kind am Samstag pünktlich um 9.30 Uhr wieder an der Schule ab.
Mit freundlichem Gruß

C. Müller
Klassenlehrerin

1 Niko erzählt von der Lesenacht.
Der Brief von Frau Müller und die Wortkarten helfen dabei.

- haben getroffen
- sind gegangen
- haben abgeholt
- haben gespielt
- haben gegrillt
- hat begonnen
- haben geschmökert
- hat vorgelesen
- sind aufgestanden
- hat gegeben
- sind schlafen gegangen

2 Finde die Verben in deinem Wörterbuch.

	Grundform
gespielt	*spielen*
abgeholt	
begonnen	
gegeben	

	Grundform
gegangen	
gegrillt	
vorgelesen	
aufgestanden	

3 Niko wollte unbedingt neben seinem Freund Yasin schlafen.
Kannst du dir vorstellen, warum?

4 Frau Müller hat eine Gruselgeschichte vorgelesen.
Welche Geschichten magst du? Begründe deine Meinung.

Was mir wichtig ist: Perfekt / Begründung → KV 11

Yasin erzählt

Ich habe mit meinen Eltern und meiner Schwester Nadja einen Waldspaziergang gemacht. Als dunkle Wolken am Himmel aufgetaucht sind, hat Nadja meine Hand genommen.
Ich habe genauso viel Angst gehabt wie Nadja.
Plötzlich hat es laut geknallt – ein grelles Licht hat mich geblendet.
Dann war es wieder stockdunkel, und ich war allein.
Schlurfende Schritte haben sich genähert, und ich habe diesen entsetzlichen Schrei gehört …

1 Erzähle die Geschichte zu Ende.

2 Suche im Text alle Perfektformen.
Schreibe sie mit der Grundform in die Liste.

haben gemacht	*machen*

3 Schreibe die ganze Geschichte im Präsens in dein Heft.

Ich mache mit meinen Eltern und meiner Schwester Nadja einen Waldspaziergang. Als …

Was mir wichtig ist: Perfekt und Grundform → KV 12 + KV 13

Was sieht Yasin?

	○ *den* dünn**en** Ritter	/ ○ *einen* dünn**en** Ritter.
Yasin sieht	○ *die* dunkl**e** Höhle	/ ○ *eine* dunkl**e** Höhle.
	○ *das* riesig**e** Schwert	/ ○ *ein* riesig**es** Schwert.

1 Setze die Adjektive in den Text ein.
Überlege vorher genau, welchen Artikel die Nomen haben.

dünn · groß · laut · grell · spannend · riesig · dunkel · kalt · unheimlich

Yasin hat eine ________________ Begegnung

Ausgerechnet jetzt denkt er auch noch an den ________________ Film mit dem schwarzen Ritter. Er spürt einen ________________ Schauer, der über seinen Rücken läuft.

Plötzlich sieht er eine ________________ Höhle. Neugierig schleicht er hinein. Um ihn herum wird es finster. Da hört er ein ________________ Geräusch. Zuerst sieht er nur ein ________________ Licht. Dann sieht er den ________________, ________________ Ritter.

Yasin kann sich vor Schreck nicht mehr bewegen. Der Ritter brüllt und reißt das ________________ Schwert hoch.

Das ist zu viel. So schnell er kann, dreht Yasin sich um, rennt, fällt und … wacht auf. Yasin ist froh, dass er alles nur geträumt hat.

Die Wortmaschine

1 Schreibe die Nomen mit ihren Artikeln auf.

die Sendung, ______________________________

____

2 Setze die fehlenden Nomen ein.
Trage dann Nomen und Verben in die Liste ein.

Wenn eine Geschichte verfilmt wird, ist es eine ______________.

Wenn etwas im Fernsehen gesendet wird, ist es eine ______________.

Wenn ein Film im Fernsehen wiederholt wird, ist es eine ______________.

Wenn etwas erzählt wird, ist es eine ______________.

Nomen	Verben
○ *Verfilmung*	*verfilmen*
○	
○	
○	

1 Stelle dir verschiedene Fragebogen nach dem folgenden Muster zusammen.

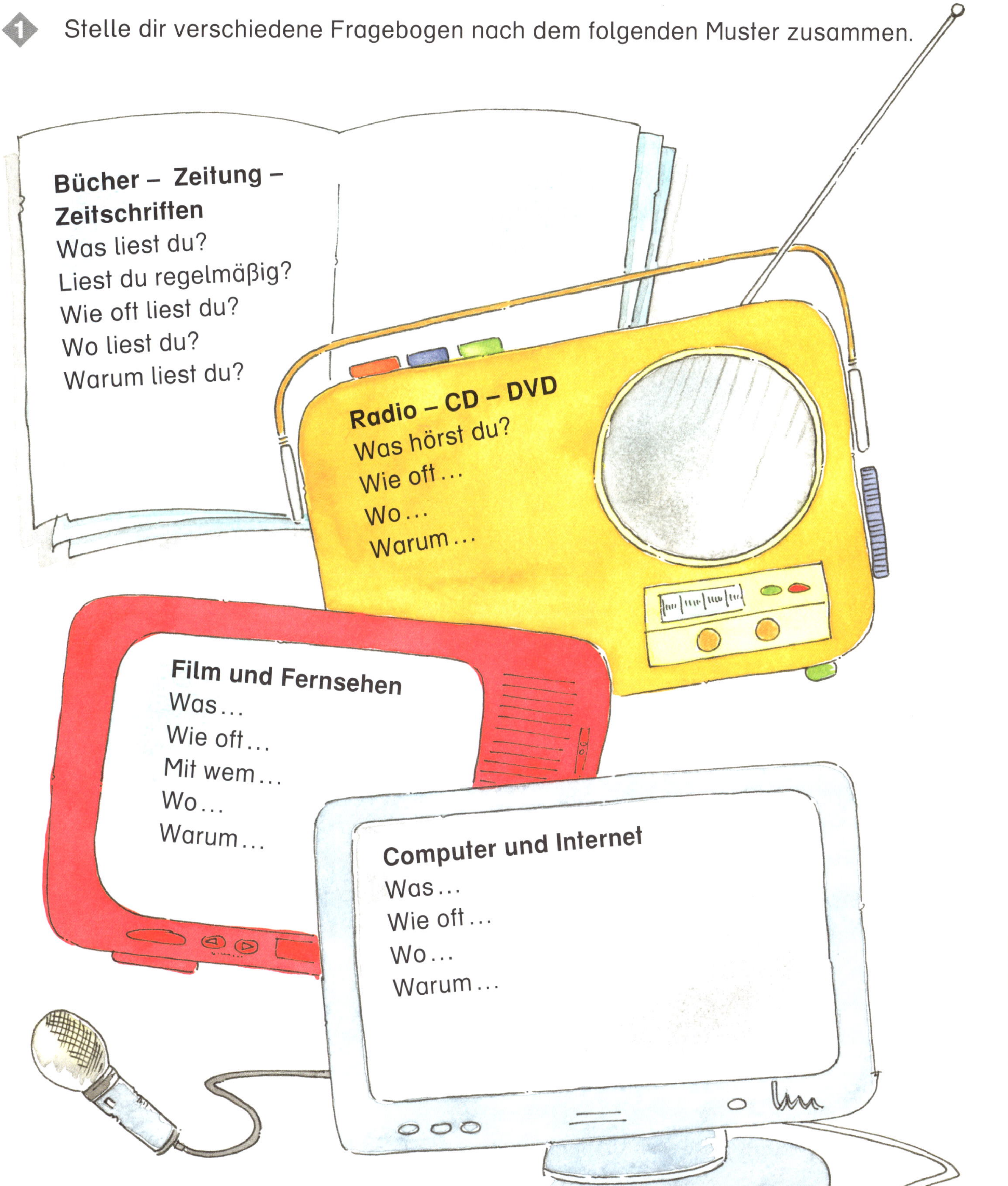

2 Führe Interviews in deiner Umgebung durch.

3 Berichte über die Ergebnisse.

Im Großmarkt

Ich habe Ferien und durfte deshalb gestern mit Papa auf den Großmarkt fahren. Jeden Morgen um vier Uhr kauft er dort Obst und Gemüse für unser Gemüsegeschäft ein.
Wir sind mit dem Lieferwagen hingefahren. Viele Bekannte von Papa haben dort etwas eingekauft oder verkauft. Bei Anton haben wir Obst bekommen. Luca hat uns Gemüse angeboten. Papa hat sich die Lebensmittel ganz genau angesehen. Dann hat er ausgewählt. Anton und Luca haben sich die Menge der Kisten aufgeschrieben. Papa hat die Dinge aber nicht mitgenommen!
Zum Schluss sind wir noch in die Fleisch- und Fischhallen gegangen. Dort hat uns Michael Fleisch abgewogen. Später hat mir Luca in der Kantine sogar eine Limo spendiert.
Auf dem Weg zum Auto habe ich Papa gefragt, wo denn unser Obst und Gemüse ist. Er hat nur auf die Gabelstapler und unser Auto gezeigt.

1. Markiere in allen Fragen die Wortgruppe um das Komma.

2. Wer sind Anton, Luca und Deniz?

Wer ist **der Mann, der** das Obst verkauft?

Anton heißt der Mann, der das Obst verkauft.

Wer ist die Frau, die Deniz die Limo schenkt?

____

Wer ist das Kind, das in den Großmarkt fährt?

____

3. Wie heißen die Leute? Stelle die Antwortsätze so um.

Der Mann, der das Obst verkauft, heißt Anton.

____

____

4. Ergänze und antworte.

Wie heißt der Junge, __________ eine rote Hose trägt?

Wie heißt der Wagen, __________ eine große Ladefläche hat?

Wie heißt die Arbeitskleidung, __________ Luca trägt?

Wie heißt das Obst, __________ lang und gelb ist?

Wie heißt das Gemüse, __________ rund und rot ist?

5. Macht ein Ratespiel in eurer Klasse.

Wie heißt der Junge, der …?
Wie heißt das Mädchen, das …?

	Verb		Vorsilbe
Wir	nehmen	die Karre	mit.
Wir	wählen	drei Kisten Äpfel	aus.
Wir	kaufen	bei Luca Salat	ein.

1. Kreise Verben und Vorsilben ein.
Schreibe sie dann auf.

Der Vater erklärt Deniz, was sie erledigen müssen.
„Wir nehmen die Karre mit. Wir wählen drei Kisten Äpfel aus. Wir …“

2. Was sagt der Vater noch?

1 Deniz und seine Mutter müssen los. Sie suchen ihre Sachen.

① Er sucht *seinen Rucksack*. Er kann *ihn* nicht finden.
Ohne *ihn* kann er nichts *einpacken*.

② Sie sucht *ihr Handy*. Sie kann *es* nicht finden.
Ohne *das Handy* kann sie nicht *telefonieren*.

③ Er sucht ________________. Er kann ________ nicht finden.
Ohne *das Geld* kann er nicht ________________.

④ Sie sucht ________________. Sie kann ________ nicht finden.
Ohne ________ kann sie nicht ________________.

⑤ Er sucht ________________. Er kann ________ nicht finden.
Ohne ________ kann er nicht ________________.

⑥ Sie sucht ________________. Sie kann ________ nicht finden.
Ohne ________ kann sie nicht ________________.

⑦ Er sucht ________________. Er kann ________ nicht finden.
Ohne ________ kann er nicht ________________.

⑧ Sie sucht ________________. Sie kann ________ nicht finden.
Ohne ________ kann sie nicht ________________.

Nehmt bitte einen ungefährlichen Weg!
Bahnübergang
Yumi, wie kommen wir zum Kino?
abbiegen
Wohnhaus
Gemüsegeschäft
Schule
Spielplatz
links
Großmarkt
an der Schule
Alina, wie komme ich von unserer neuen Wohnung zur Schule?
rechts
Bibliothek
Wohnhaus
neben dem Park
Kino
Restaurant
Wie komme ich von meinem Restaurant zu Ihrem Geschäft?
DRACULA
gegenüber dem Restaurant

Kinder-Stadtplan

1. Wo sind eure Lieblingsplätze?
   Erkläre, warum du gerne dort bist.

2. Geht zu diesen Stellen und schaut sie euch an.

3. Sucht die Plätze auf einem Stadtplan.

4. Malt diese Orte.

5. Malt eure Schule in die Mitte eines großen Plakats und klebt eure Lieblingsplätze außen herum.
   Orientiert euch dabei an dem Stadtplan.

6. Ihr könnt auch Straßen und weitere Gebäude einkleben.

Im Landheim

Bevor die Klasse ins Landheim fuhr, hatte Frau Müller alle Kinder gefragt, was sie denn dort gerne machen möchten. Alle schrieben ihre Wünsche auf Zettel. Es gab folgendes Ergebnis:

Deniz will Fußball spielen. Kevin möchte eine Nachtwanderung machen.
Leon schlägt eine Schnitzeljagd vor. Alina findet Waldspiele gut.
Yasin spielt gern Völkerball. Sara ist für eine Wanderung.
Niko stimmt für ein Tischtennisturnier. Yumi träumt von einer Disco.
Benjamin wünscht sich einen Badetag. Tim ist für einen Inlinerslalom.

1 Trage die Wünsche der Kinder in den Plan ein.

Zeit	Montag	Dienstag	Mittwoch	Donnerstag	Freitag
8.00		Frühstück	Frühstück	Frühstück	Frühstück
9.00	Anreise				Zimmer reinigen
10.30	Zimmer beziehen				Abreise
12.30	Mittag-essen	Mittag-essen	Mittag-essen	Mittag-essen	
14.00					
15.30					
18.00	Abendbrot	Abendbrot	Abendbrot	Abendbrot	
19.00					
22.00	Bettruhe	Bettruhe	Bettruhe	Bettruhe	

2 Was braucht die Klasse im Landheim und wofür brauchen sie es? Erzähle.

Für die Disko brauchen sie CDs.

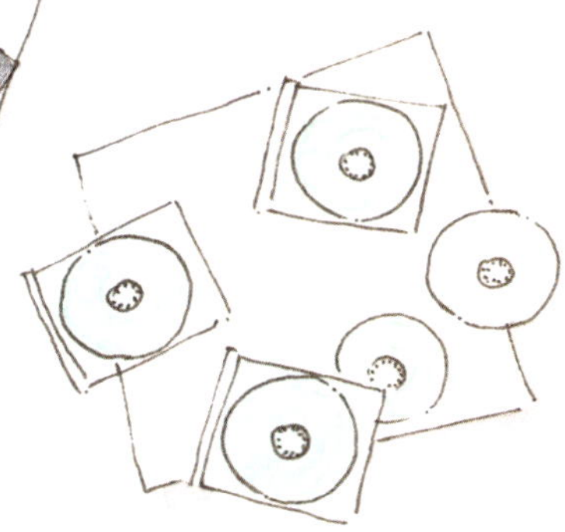

Die Zimmer

Die Kinder erzählen ganz aufgeregt von ihren neuen Zimmern:
Deniz schläft gern in dem dunklen Zimmer, Niko kann in dem hellen Zimmer schlafen. Robert möchte in dem oberen Etagenbett schlafen, Yasin schläft lieber in dem unteren Bett.
Das Zimmer mit dem großen Spiegel ist für Alina interessanter als das Zimmer mit dem kleinen Schrank.
Zum Kartenspielen ist das Zimmer mit dem eckigen Tisch besser als das Zimmer mit dem runden Tisch.
Das Zimmer mit der tollen Aussicht bewohnt Frau Müller.
Alle sind mit den schönen Zimmern zufrieden.

1. Kann es bei der Zimmeraufteilung auch Streit geben?

2. Unterstreiche im Text die Wortgruppen *Artikel – Adjektiv – Nomen.* Manchmal gehören *mit* und *in* dazu.

3. Schreibe unten einige Wortgruppen auf.

4. Schreibe alle Adjektive aus dem Text rechts in den Kasten.

Wortgruppen

in dem dunklen Zimmer ______________________

____

____

____

____

____

dunkel

5. Beschreibe deinen Zimmerwunsch.

Sich waschen

1 Suche in der Bildergeschichte die kleinen Wörter aus dem Kasten.

mich	dich	sich	uns	euch	sich

sie langweilt sich

Suche dir ein Beispiel heraus und schreibe es auf.

2

Ich ______________ *mich.* ______

Du ______________ ______________.

Er ______________ ______________.

Sie ______________ ______________.

Es ______________ ______________.

Wir ______________ ______________.

Ihr ______________ ______________.

Sie ______________ ______________.

sie freuen sich

er beeilt sich

Am Donnerstagabend will die Klasse eine Abschiedsparty feiern. Die Kinder erstellen eine Liste, was sie spielen wollen und welche Materialien sie brauchen.

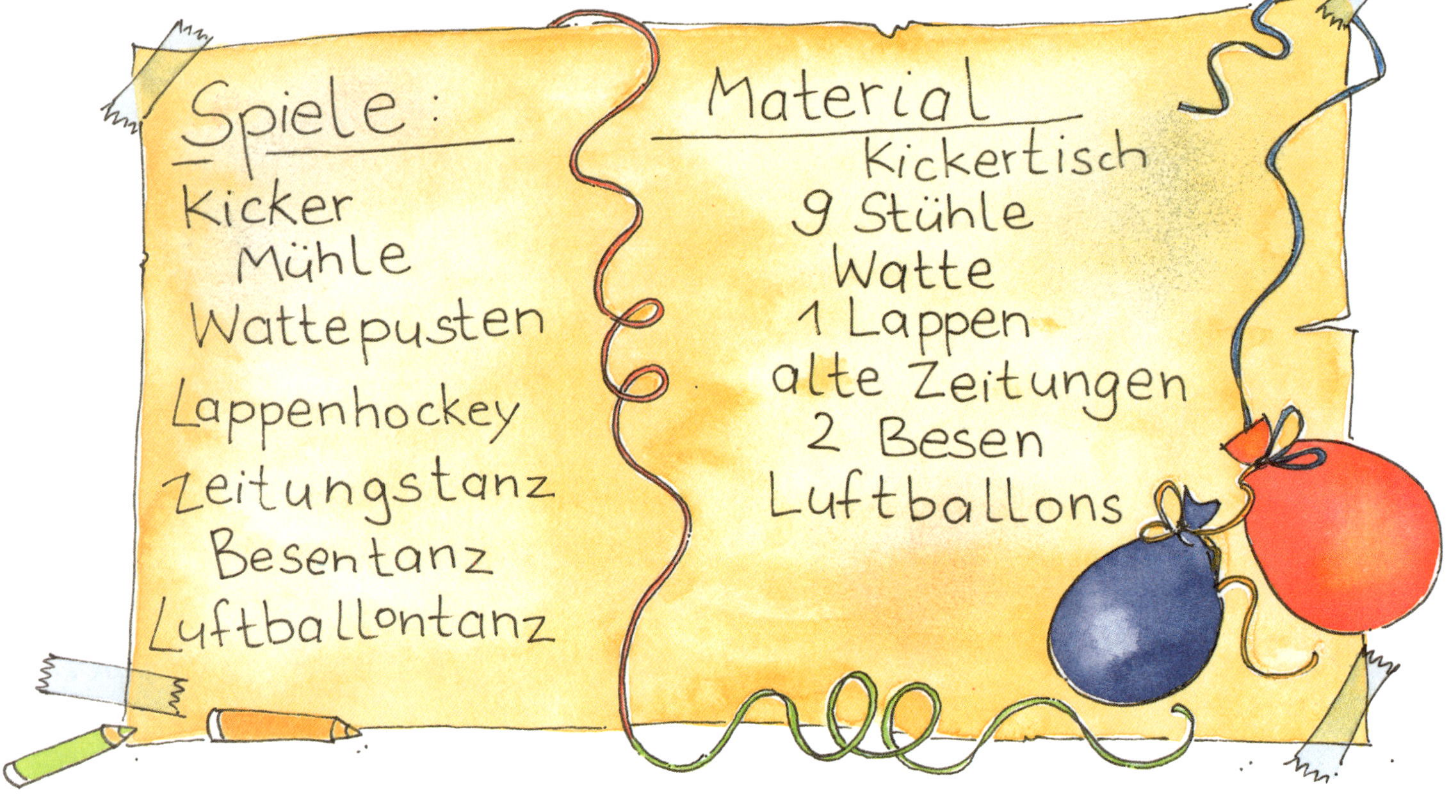

1. Die Wörter *mit* und *für* helfen dir, aus den Stichwörtern an der Tafel Schnellsprech-Sätze zu bilden.

Die Kinder brauchen einen Lappen für das Lappenhockeyspiel, weil sie mit dem Lappen Lappenhockey spielen wollen.

2. Sammelt Zungenbrecher aus anderen Sprachen.

Zwischen zwei spitzen Steinen saßen zwei zischelnde Zischelschlangen und zischten.

Bir berber bir berbere dre berber gel beraber bir berber dükkanı açalım demiş.

Meral schreibt eine Ansichtskarte an ihre Eltern.

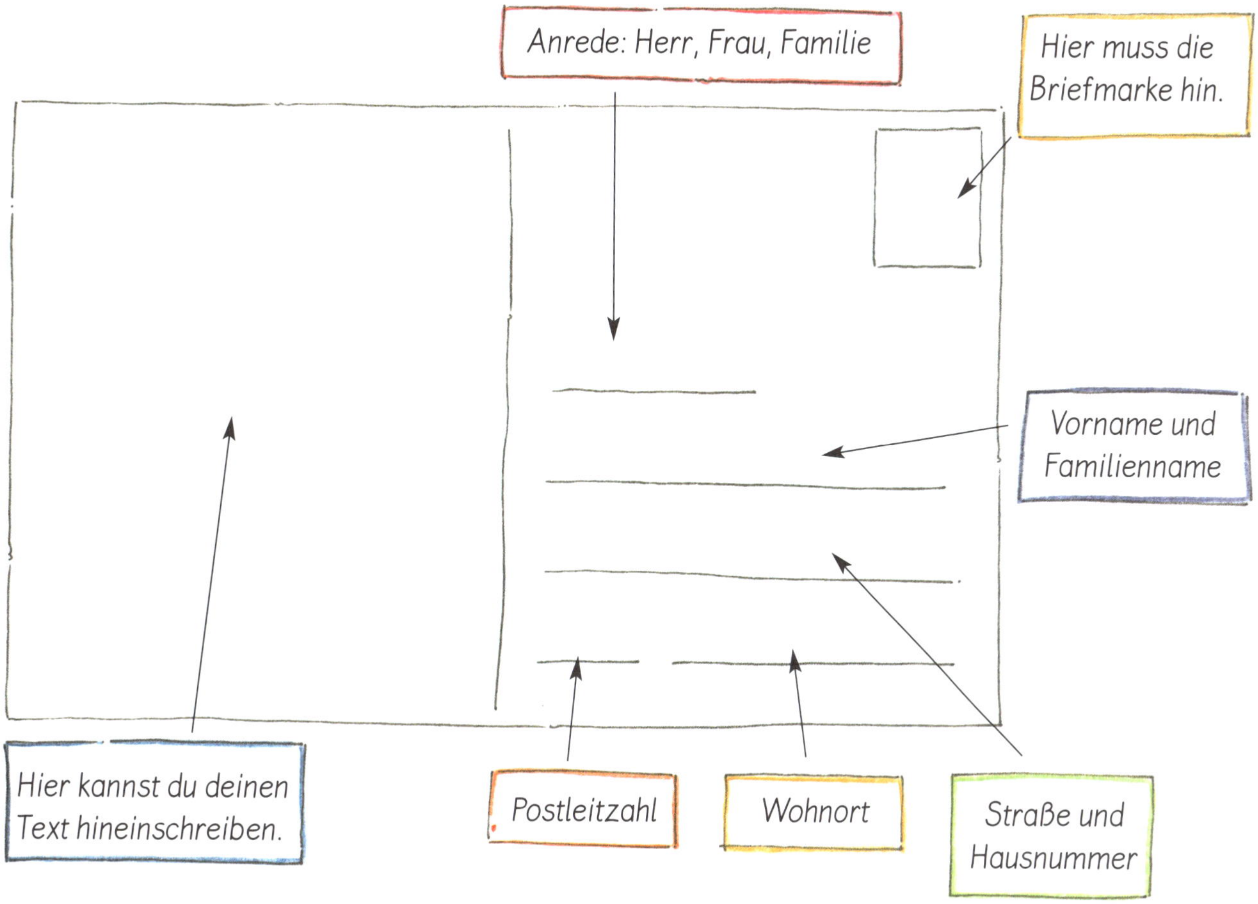

Deniz schreibt eine E-Mail nach Hause.

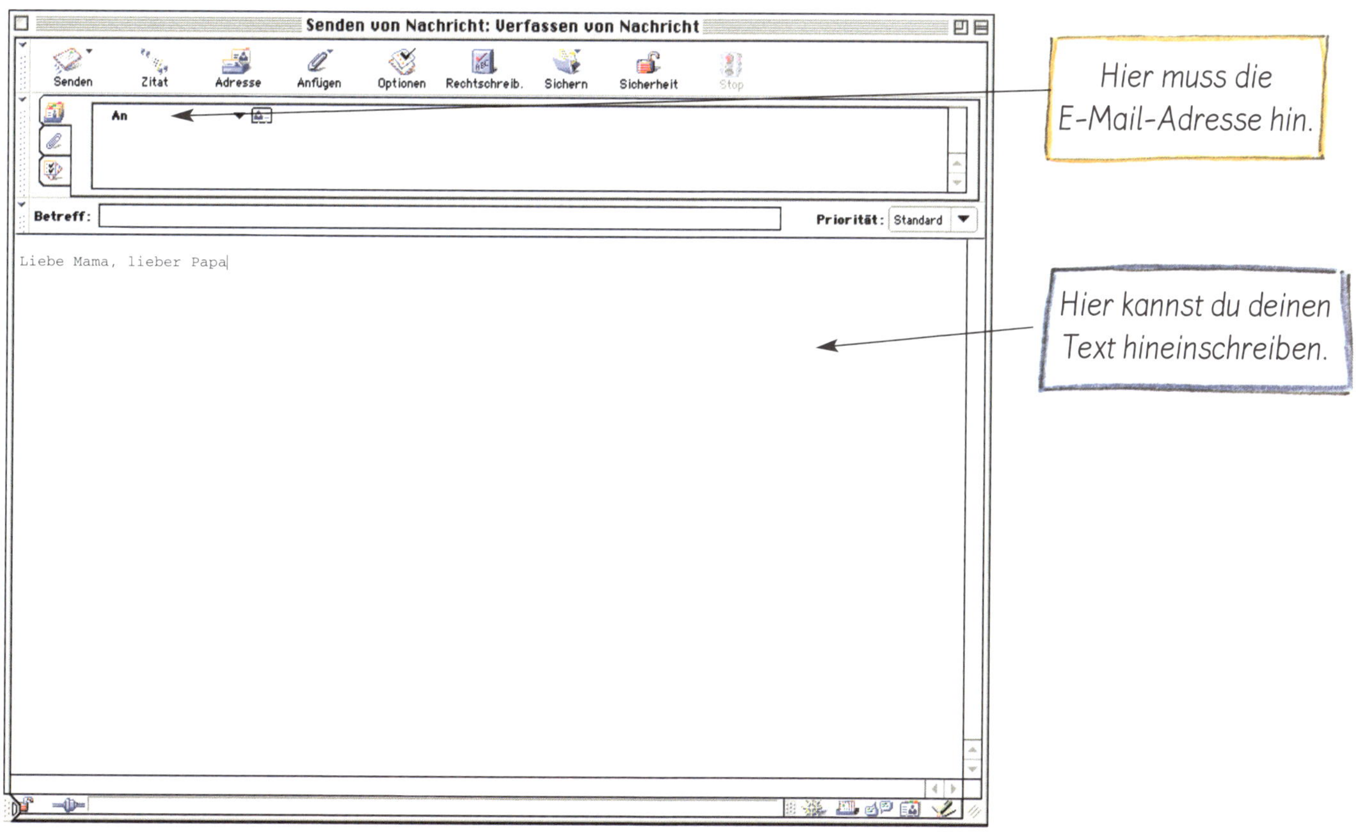

15. April, 15.30 Uhr
Deniz und Niko fahren an den Kanal.
Das ist heute ihre erste Radtour nach dem Winter.
Sie haben sich schon lange darauf gefreut.
Um 17.30 Uhr treten sie die Heimfahrt an.

15. April, 17.45 Uhr
Die zwei Jungen fahren die Parkstraße entlang.
Plötzlich überholt sie ein LKW, der rechts blinkt.
Er fährt so nah vorbei, dass Deniz vom Rad stürzt.

Der LKW-Fahrer ruft sofort mit seinem Handy die 110 an.
Schon nach 12 Minuten kommt der Rettungswagen
und bringt Deniz ins Krankenhaus.
Die Polizei ist bereits um 17.53 Uhr am Unfallort.

15. April, 19.15 Uhr
Der Arzt sieht auf dem Röntgenbild einen Bruch
über dem Knöchel. Deniz muss operiert werden!
Man will schnellstens mit den Eltern sprechen.

1. Der Arzt muss vor der Operation prüfen, ob es Probleme geben könnte. Deshalb fragt er Deniz‘ Mutter:
„Hat Ihr Sohn eine chronische Krankheit?“
„Muss er regelmäßig Medikamente nehmen?“
„Ist das sein erster Krankenhausaufenthalt?“
„Hatte er bereits einen Knochenbruch?“

2. Als Deniz am nächsten Morgen aus der Narkose aufwacht, ist seine Mutter schon am Bett. Sie fragt besorgt:
„Hast du noch Schmerzen?“
„Musst du still liegen?“
„Kann ich dir irgendwie helfen?“
„Soll ich dir etwas zu trinken geben?“

3. Als der Arzt hereinkommt, fragt Deniz sofort:
„Wie lange muss der Gips dran bleiben?“
„Darf ich wenigstens aufstehen und mit Krücken laufen?“

4. Spielt die Gespräche am Krankenbett.

5. Deniz macht sich Sorgen.
Am Telefon spricht er mit Niko und mit seinem Bruder.
Überlegt euch seine Fragen und spielt das Telefongespräch.

6. Warst du schon einmal im Krankenhaus?
Was müsste deine Mutter auf die Fragen des Arztes antworten?

1 Bilde aus den zwei Sätzen einen Satz mit *Wenn*.

Es ist heiß.
Das Radfahren macht besonders viel Spaß.

Wenn es heiß ist, macht das Radfahren besonders viel Spaß.

Es weht ein starker Wind.
Das Radfahren ist gefährlich.

Wenn ____

Es ist sehr kalt.
Das Radfahren macht keinen Spaß.

____

Es wird wärmer.
Viele Leute wollen hinaus ins Grüne.

____

2 Markiere die Verben und vergleiche ihre Stellung im Satz.

3 Beginne mit dem zweiten Satz und füge den Wenn-Satz an.

Das Radfahren macht viel Spaß, wenn es sehr heiß ist.

1 Wichtige Tage im Jahr

Trage folgende Daten ein.
Lies sie vor.

Das Datum von heute: ____________

Mein Geburtstag: ____________

Mamas Geburtstag: ____________

Papas Geburtstag: ____________

2 Die Daten der Ferien findest du im Kalender. Trage sie hier ein.

Sommerferien: vom ____________ bis ____________

Weihnachtsferien: vom ____________ bis ____________

Osterferien: vom ____________ bis ____________

3 Lest euch die Feriendaten laut vor. Achtet auf den Dativ.

Die Sommerferien dauern vom ____________ bis zum ____________.

4 Notiere jetzt Termine, die du jede Woche hast. WANN musst du WO sein?

Dienstags muss ich um 16 Uhr in der Musikschule sein.

____

____

____

5 Welche besonderen Termine hast du in nächster Zeit? Schreibe sie auf und lies sie einem anderen Kind vor.

1 Findest du vier Wörter, die in der Wortmaschine waren?

wahr ______ → die ______

______ → die ______

______ → die ______

______ → die ______

2 Ergänze in den Sätzen das fehlende Wort.

Jeder, der *gesund* ist, freut sich über seine *Gesundheit* ______.

Doch fühlt man sich matt und *krank*, hat man meist eine ______.

Wenn jemand besonders *schön* ist, nennt man ihn eine ______.

Wenn ein Kind *frech* ist, schimpft man oft über seine ______.

Sage nur Dinge, die *wahr* sind, sage die ______.

3 Verwandle diese Adjektivpaare in Nomen.

krank – gesund: die ______ – die ______

klug – dumm : die ______ – die ______

sicher – unsicher: die ______ – die ______

Wie bleibe ich gesund?

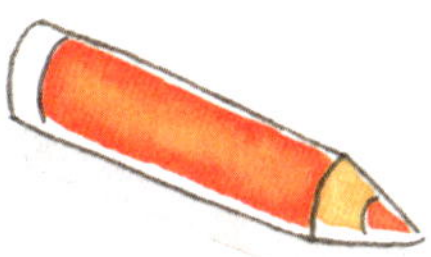

1. Fragt die Erwachsenen:

- Was schadet der Gesundheit oder was gefährdet sie?
- Was ist gut für die Gesundheit? Was dient ihr?

2. Sammelt Informationen.

3. Stellt die Informationen zu einem kleinen Vortrag zusammen.

4. Gestaltet ein Lernplakat daraus.

5. Haltet einen kleinen Vortrag „Wie bleibe ich gesund?“

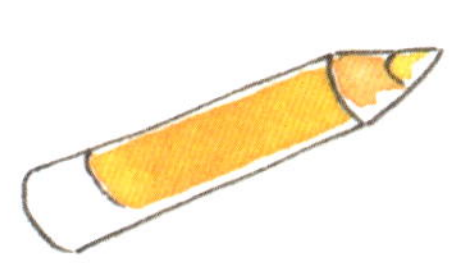

Jeder in der Klasse soll einen Beruf vorstellen.
Deshalb schreibt Alina ihrem Onkel eine E-Mail.

Lieber Onkel Richard,

du bist doch von Beruf Polizist. Dafür interessiere ich mich sehr und ich möchte darüber in meiner Klasse sprechen. Hilfst du mir bitte bei der Vorbereitung?
Meine Fragen stehen in der Datei. Mailst du mir zurück?
Darüber würde ich mich sehr freuen.
Herzlich grüßt dich
deine Nichte Alina

1 Überlegt gemeinsam, welche Fragen in Alinas Datei stehen.

Sich orientieren: Bildlexikon / Leseverstehen → KV 28

Mein Papa ist ○ LKW-Fahrer.
Seine Schwester, Tante Reika, ist ○ Busfahrerin.

Über uns wohnt Herr Schreiber. Er ist ○ Pilot.
Ich muss ihn einmal fragen, ob er auch eine ○ Pilotin kennt.

In der Schule arbeiten viele ○ Lehrerinnen und ○ Lehrer.
Aber nur ein ○ Hausmeister ist dort.
Könnte die Arbeit auch eine ○ Hausmeisterin übernehmen?

Für das tägliche Mittagessen sorgen bei uns
an der Schule ○ eine Köchin und ○ ein Koch.

Wenn wir neue Schuhe kaufen wollen, hilft uns meist
○ eine Verkäuferin oder ○ ein Verkäufer beim Aussuchen.

Im Supermarkt sitzen hinter den Kassen
○ Kassiererinnen, manchmal auch ○ Kassierer.

1. Kannst du Nikos Aufzählung fortsetzen?

2. Trage in eine Tabelle die Namen der Berufe für Männer und Frauen im Singular und im Plural ein.

O der Pilot	O die Pilotin

Alina gefällt die Uniform der Polizistinnen. Das gehört dazu:

die	Mütze	eine	schicke	Mütze
die	Weste	eine	praktische	Weste
die	Hose	eine	schmale	Hose
das	Hemd	ein	helles	Hemd
die	Schuhe		bequeme	Schuhe

Ihre Freundin wundert sich und fragt:
„Wie sind denn die Polizisten bekleidet?“ Alina zählt auf:

- mit einer schicken Mütze auf dem Kopf,
- mit einem hellen Hemd und einem grünen Schlips,
- manchmal mit einer praktischen Weste oder
- nur mit einer Jacke darüber,
- mit einer langen, schmalen Hose und
- mit bequemen Schuhen.

1 Unterstreiche alle Endungen der Artikel und der Adjektive.

2 Bilde Sätze mit solchen Dativ-Wortgruppen für andere Berufe.

WER	sieht	WEN		WOMIT?
Ich	*sehe*	einen Bauarbeiter	mit	*einem gelben Helm.*
___	___	eine Ärztin	mit	___
___	___	einen Koch	mit	___
___	___	einen Schweißer	mit	___
___	___	einen Schreiner	mit	___

Die Streifenpolizisten kontrollieren ihren Bezirk nie allein, sondern immer mit einem anderen Kollegen. Sie gehen mit einer praktischen Tasche und einem tragbaren Funkgerät durch die Straßen. Sie haben auch eine Waffe und Handschellen dabei. Beide Streifenpolizisten passen auf, dass nichts passiert. Sie sprechen mit vielen Menschen und beantworten Fragen.

1 Wie heißt es im Nominativ? Vergleiche und markiere, was sich ändert.

DATIV	NOMINATIV
mit einem anderen Kollegen	○ *ein anderer Kollege*
mit einer praktischen Tasche	○ *eine* ___
mit einem tragbaren Funkgerät	○ *ein* ___
mit vielen Menschen	○ ___

2 Bilde die Dativ-Form.

Die Polizisten fahren mit *einem* *schnellen* Polizeiauto durch die Stadt. Mit ___ ___ Sirene schaffen sie sich Platz. Sie hören auf ___ Hinweise aus der Funkzentrale. Am Unfallort helfen sie zuerst ___ ___ Fahrer und ___ ___ Mitfahrern aus ___ ___ Auto. Mit ___ Handgriffen beginnen sie die erste Hilfe.

schnell
laut
genau
verletzt
andere
brennend, sicher

3 Hast du schon einmal mit Polizisten gesprochen? Erzähle.

Mein Vater ist Autoschlosser.
Und meine Mutter ist Verkäuferin.
Was macht dein Vater?

Mein Vater ist Dachdecker,
aber er hat keine Arbeit mehr.
Er ist arbeitslos.
Seine Firma wurde geschlossen.
Sie haben alle Mitarbeiter und
Mitarbeiterinnen nach Hause
geschickt.

Ist das schlimm für deinen Vater?

Es ist für uns alle schlimm,
weil wir jetzt so wenig Geld haben.

❶ Markiere die Wortgruppen: *Mein Vater, meine Mutter, …*

❷ Wie ist das mit der Verwandtschaft?

Das ist mein Vater.
Das ist meine Mutter.
Das ist unser Baby.
Das sind meine Großeltern.

Das ist dein Vater, aber mein Onkel.
Das ist deine Mutter, aber meine Tante.
Das ist euer Baby.
Das sind unsere Großeltern.

❸ Erkläre jemandem das Familienbild. Wie heißt es dann?

Das ist ____________ Vater.
Das ist ____________ Mutter.
Das ist ____________ Baby.
Das sind ____________ Großeltern.

Projekt Wunschberuf

1 Sammle Informationen über deinen Wunschberuf.

Das solltest du über ihn wissen:

Wie muss man sein?
- ☐ geschickt mit den Fingern sein
- ☐ ideenreich sein
- ☐ sehr sportlich sein
- ☐ kräftig oder flink sein
- ☐ sehr gutes Gehör oder sehr gute Augen haben
- ☐ gesundheitlich topfit sein
- ☐ mehrere Sprachen sprechen

Was muss man tun?
Lass dir die Arbeit, für die du dich interessierst, zeigen.
Lass sie dir auch genau erklären.

Welche Besonderheiten hat der Beruf?

- ☐ Schichtarbeit
- ☐ Uniform tragen
- ☐ viel unterwegs sein
- ☐ vorrangig PC-Arbeit
- ☐ große Lärmbelästigung
- ☐ ständig fremde Menschen kennen lernen
- ☐ Einzelarbeit, möglichst zu Hause
- ☐ körperlich sehr anstrengend
- ☐ keine feste Arbeitszeit

Wo kann man diesen Beruf lernen?

Oder muss man für diesen Beruf studieren?

Wie lange dauert die Ausbildung?

2 Stelle deinen Traumberuf in der Klasse vor.

Klein sein ist nicht einfach …

Er war klein.
Kleiner als die Schlange, als der Panther,
als die Ziege, als der Fuchs.
Er konnte nicht fliegen.
„Die Kleinen können das nicht!“, sagte sein Vater.
Er konnte nicht singen.
„Du bist noch klein!“, sagte seine Mutter.
„Klein sein ist nicht einfach!“, dachte der kleine Vogel.
„Wenn ich doch groß wäre! …“
Zwischen den Gräsern begegnete er einem riesengroßen Ei.
„Wenn ich mich eine Weile auf das Ei setze,
schlüpft vielleicht ein Vogel aus.
Und ich werde seine Mutter und bin dann groß“, dachte er.
Es vergingen Tage und Monate.
Der kleine Vogel verließ das Ei weder bei Regen noch bei Schnee.
Als die Sonne wieder schien, zerbrach das große Ei.
Aus dem Ei schlüpfte ein Strauß!
Er sah den kleinen Vogel liebevoll an.
Dieser hielt den kleinen Vogel für seine Mutter.
Er wollte zu ihm fliegen, schaffte es aber nicht.
„Die Kleinen können das nicht.
Klein sein ist nicht einfach! …“, sagte der kleine Vogel.
Es vergingen Tage und Monate.
Der Strauß wurde noch größer.
So sehr er sich auch anstrengte, er konnte nicht fliegen.
„Groß sein ist auch nicht einfach! …“, sagte er
und begrub seine Hoffnung vom Fliegen.
Schon seit jener Zeit kann der Vogel Strauß nicht fliegen.

Can Göknil

1 Überlege noch einmal.

Was kann der kleine Vogel nicht?
Warum ist er traurig?
Was macht er?
Was denkt der Strauß?

2 Stelle weitere Fragen.

3 Sage deine Meinung. Besprich sie mit anderen.

Ist klein sein einfach?
Ist groß sein einfach?
Was denkst du über den kleinen Vogel?
Was hat er am Ende erkannt?

4 Erzähle, was in der Geschichte passiert ist.

Ein kleiner Vogel konnte nicht …
Seine Eltern trösteten ihn: …
Er dachte sich: …
Da setzte er sich … und brütete es aus.
Heraus schlüpfte …
Dieser konnte auch … .
… tröstete ihn: „Die Kleinen können das nicht.
Klein sein ist nicht einfach."
… lernte fliegen, aber … nicht.
Denn er war ein Strauß
und diese Vögel sind zwar groß, aber …
Der große Vogel dachte: …

Die Tiere klagen darüber,
dass in Tiergeschichten oft Unsinn über Tiere erzählt wird.

- Der Fuchs redet schlau daher. Doch beim Ratespiel mit der Schildkröte zeigt sich seine Dummheit.
- Die afrikanische Antilope und der europäische Hase machen ein Wettrennen. Einmal siegt der Hase, einmal die Antilope.
- Der Löwe gähnt und zeigt seine Zähne. Die Ameisen kitzeln ihn.
- Der Elefant ist zwar kräftig, aber auch sanft. Er verliebt sich in eine mutige Maus. Sie erzählt von den Abenteuern auf ihren Weltreisen.
- Manche Vögel trauen sich nicht zu fliegen, denn sie leben schon sehr lange in Käfigen.

1 Verbinde.

Der Elefant beschwert sich,	dass sie in Käfigen leben müssen.
Die Maus beklagt sich,	dass sie schlauer als der Fuchs ist.
Die Vögel jammern,	dass niemand seine Sanftheit erkennt.
Der Fuchs ärgert sich,	dass niemand ihren Mut wahrnimmt.
Die Schildkröte freut sich,	dass er beim Ratespiel verliert.

2 Wo steht das Verb im Dass-Satz?

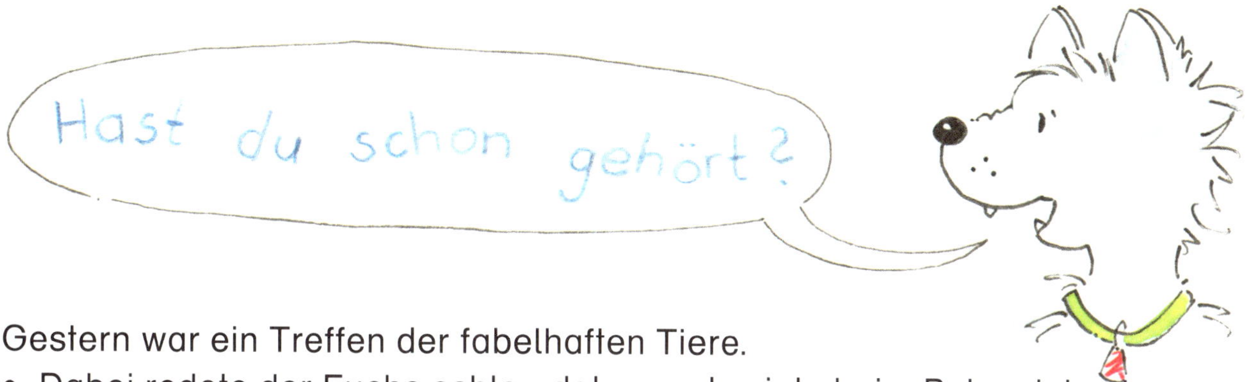

Gestern war ein Treffen der fabelhaften Tiere.

- Dabei redete der Fuchs schlau daher und zeigte beim Ratespiel seine Dummheit.
- Die Antilope und der Hase machten ein Wettrennen. Beide siegten.
- Der Löwe gähnte und zeigte seine Zähne. Die Ameisen kitzelten ihn.
- Der Elefant verliebte sich in eine Maus. Sie erzählte ihm viel.
- Die Vögel trauten sich nicht zu fliegen, denn sie lebten in Käfigen.

Fast alle klagten:
Der Elefant beschwerte sich, die Maus beklagte sich, die Vögel jammerten, der Fuchs ärgerte sich, aber die Schildkröte freute sich.

1 Kreise die Verben ein.

2 Woran erkennst du, dass etwas schon vergangen ist?

früher – in der Vergangenheit	jetzt – in der Gegenwart
er redete	er redet
er verliebte sich	er verliebt sich

Manches ist anders, als man denkt.

Löwen sehen stark aus, aber manche sind auch schwach.
Die Maus liebt keine kleine Maus, sondern einen großen Elefanten.

1 Gibt es so etwas auch bei Menschen? Überlege.

Deniz ist nett, aber manchmal macht er auch Blödsinn.

Meral rechnet gern, aber heute ______________________________

Alle finden Actionfilme toll, aber ______________________________

Yumi liebt Rot, aber heute ______________________________

2 Und was ist mit dir und deinen Freunden?
Schreibe fünf Sätze mit *aber* in dein Heft.

3 Was nehme ich nur? Sage es genau!

Meral will kein*e* *schwarze Tasche*, sondern *einen blauen Rucksack.*

Deniz kauft kein___ ________ ________, sondern ________ ________ ________

Yumi sucht kein___ ________ ________, sondern ________ ________ ________

Niko will kein___ ________ ________, sondern ________ ________ ________

4 Und was ist mit dir und deinen Freunden?
Schreibe fünf Sätze mit *sondern* in dein Heft.

5 Ich will schon, aber die anderen haben keine Lust.

Wir gehen beim Schulausflug nicht ______________________________,

sondern ______________________________

Ich freue mich darauf, aber ______________________________

Meine Freunde ______________________________

Wahre Geschichten? Textarbeit: *aber, sondern* → KV 35

Der Fuchs und der Storch

Herr Fuchs wollte sich einen vergnügten Abend bereiten.
Und zwar machte er es auf diese Weise:

1. Schreibe auf, was die Tiere sagen.
2. Erzählt die Geschichte und schreibt sie gemeinsam auf.
3. Überlege dir eine Lösung.
   Wie können Fuchs und Storch wirklich gemeinsam essen?

Das habe ich gelernt

1. Ordne die Wörter nach Wortfamilien.

2. Trage einige der Wörter in die Tabelle ein.

ernähren	pflanzen	wachsen

○ ______ Pflanze nahrhaft ich pflanze

○ ______ Wachstumsphase gewachsen sein

ernährte ○ ______ Ernährung

○ ______ Nahrungsmittel gepflanzt

umpflanzen ○ ______ Anpflanzung

aufgewachsen es wächst

○ Babynahrung ○ ______ Nahrung

○ ______ Bepflanzung

○ ______ Wachstum gut genährt sein erwachsen

sie pflanzten pflanzlich ○ ______ Gewächshaus

○ ______ Nutzpflanze sich ernähren

3. Du kannst die Wörter auch nach Wortarten sortieren.
Lege dir dazu eine Tabelle an.

Nomen	Verben	Adjektive

	Fuchs	Wolf	Löwe
Gewicht	bis 10 kg	bis 40 kg	bis 250 kg
Körperlänge	bis 0,72 m	bis 1,20 m	bis 2,50 m

1 Vergleiche die drei Tiere.
Wer ist größer oder kleiner, wer ist schwerer oder leichter?

____

____

____

____

____

2 Vervollständige die Sätze.

Ich kann *gut* ____________________.

Aber ____________________ kann ich ____________________.

Doch ____________________ kann ich ____________________.

Ich habe ____________________ *gern*.

Aber ____________________ habe ich ____________________.

Doch ____________________ habe ich ____________________.

3 Überlege, was passt: wie als

Mein Freund kann genauso gut ____________ ________ ich.

Meine Freundin kann besser ____________ ________ ich.

1 Unterstreiche die Artikel und die Adjektivendungen.

Singular

	Nominativ: Da ist …	Akkusativ: Ich sehe …	Dativ: Das gehört (zu) …
○ ○	der große Tisch ein großer Tisch	den großen Tisch einen großen Tisch	dem großen Tisch einem großen Tisch
○ ○	die nette Klasse eine nette Klasse	die nette Klasse eine nette Klasse	der netten Klasse einer netten Klasse
○ ○	das tolle Zimmer ein tolles Zimmer	das tolle Zimmer ein tolles Zimmer	dem tollen Zimmer einem tollen Zimmer

Plural

	Nominativ: Da sind …	Akkusativ: Ich sehe …	Dativ: mit …
○ ○	die großen Tische viele große Tische	die großen Tische viele große Tische	den großen Tischen vielen großen Tischen
○ ○	die netten Klassen viele nette Klassen	die netten Klassen viele nette Klassen	den netten Klassen vielen netten Klassen
○ ○	die tollen Zimmer viele tolle Zimmer	die tollen Zimmer viele tolle Zimmer	den tollen Zimmern vielen tollen Zimmern

2 Lege dir im Heft eine Tabelle an und fülle sie aus.

	Nominativ: Da ist …	Akkusativ: Ich sehe …	Dativ: Das gehört (zu) …
○ ○			

1 Male die Artikelpunkte an.

2 Welche Wortgruppen kannst du bilden?
Schreibe so viele wie möglich auf.

der lustige Abend

3 Bilde lange Sätze. Nimm jeweils drei Wortgruppen und ein Verb.

erzählen schenken schicken wegnehmen zeigen

, wenn / weil / dass ______ Verb

1 Unterstreiche alle Verben und Verbteile.

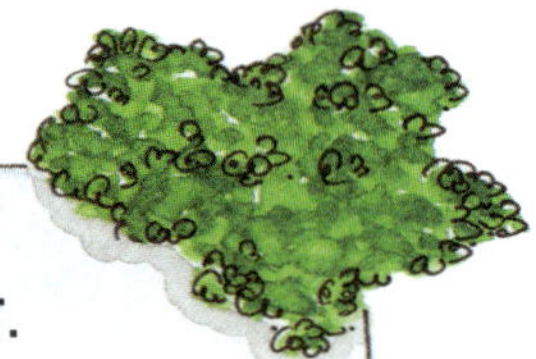

Ich begleite meinen Vater.
Ich habe Ferien.
Er braucht frische Lebensmittel.
Wir wollten früh dort sein.
Die Sonne war noch nicht aufgegangen.
Er braucht viel Obst und Gemüse.
Wir waren hungrig und durstig.

2 Welcher Satz passt? Beende die Wenn-Sätze und die Weil-Sätze.

Im Großmarkt

Ich freue mich immer,

wenn ______________________________.

Diesmal durfte ich zum Großmarkt mitfahren,

weil ______________________________.

Mein Vater kauft immer dort ein,

wenn ______________________________.

Um vier Uhr sind wir losgefahren,

weil ______________________________.

Es war noch ganz dunkel draußen,

weil ______________________________.

Den großen Lieferwagen nimmt mein Vater immer,

wenn ______________________________.

Zum Schluss sind wir in die Kantine gegangen,

weil ______________________________.

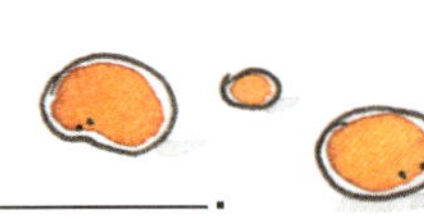

Das habe ich gelernt: Wenn-Sätze, Weil-Sätze, Dass-Sätze; nach Seite 40

1 Unterstreiche alle Verben und Verbteile.

Wir übernachten in der Bücherei.
Wir spielen erst noch auf der Wiese und grillen.
Wir rollen unsere Schlafsäcke zwischen den Regalen aus.
Sie liest eine spannende Geschichte vor.
Die Geschichte ist ein bisschen gruselig.
Wir haben viel gelesen und wenig geschlafen.
Bald gibt es die nächste Lesenacht.

2 Welcher Satz passt? Beende die Weil-Sätze und die Dass-Sätze.

Heute ist unsere Lesenacht

Die ganze Klasse ist schon richtig aufgeregt,

weil ______________________________.

Unsere Lehrerin hat uns erst alles erklärt und hat gesagt,

dass ______________________________.

Jetzt sind wir laut und fröhlich,

weil ______________________________.

Wir wünschen uns von unserer Lehrerin,

dass ______________________________.

Wir kuscheln uns auf unseren Luftmatratzen eng aneinander,

weil ______________________________.

Am nächsten Morgen sind wir ziemlich müde,

weil ______________________________.

Unsere Lehrerin verspricht uns,

dass ______________________________.

1. Niko erzählt, was ihm und Deniz passiert ist.

fahren	überholen	stürzen	nicht aufstehen
telefonieren	warten	ins Krankenhaus bringen	operieren

Wir sind mit den Fahrrädern an den Kanal gefahren.
Da hat uns …

2. Für die Polizei schreibt Niko einen Bericht.

Wir fuhren mit unseren Fahrrädern an den Kanal.

3. Fülle die Tabelle aus.

Grundform	Perfekt	Präteritum
		fuhr
überholen		
	ist gestürzt	
aufstehen		stand auf
	hat telefoniert	
warten		
		brachte
operieren		

Das habe ich gelernt: Verben in der Vergangenheit; nach Seite 53

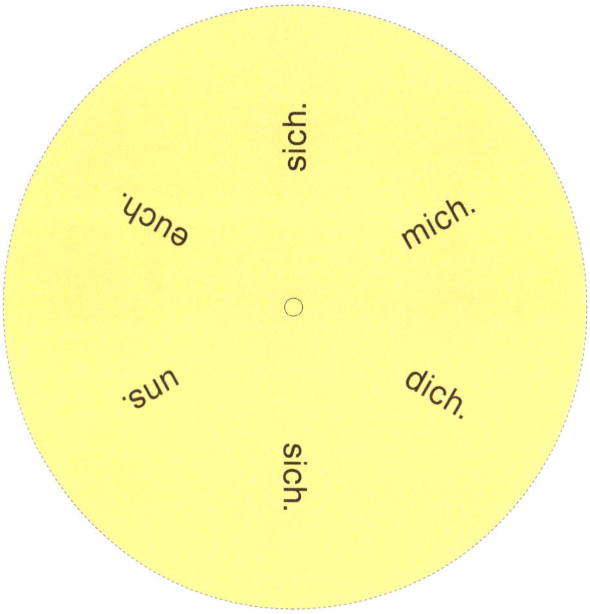

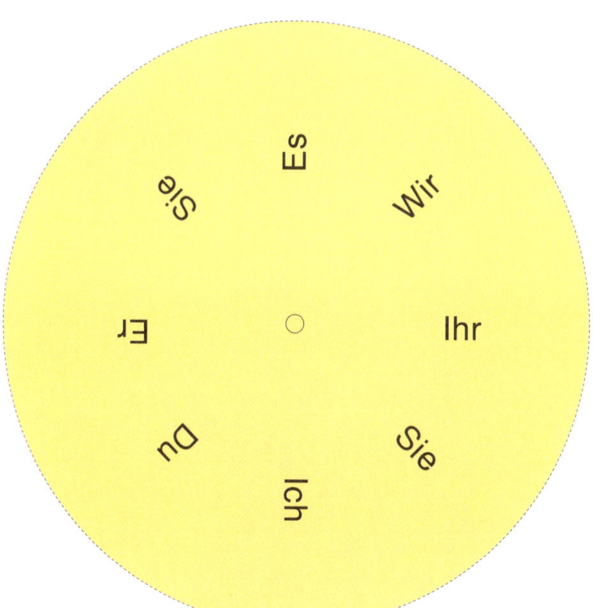

Seite laminieren, Räder und „Fenster“ im Vogel ausschneiden, mit Musterbeutelklammer die Räder hinter dem Vogel befestigen.

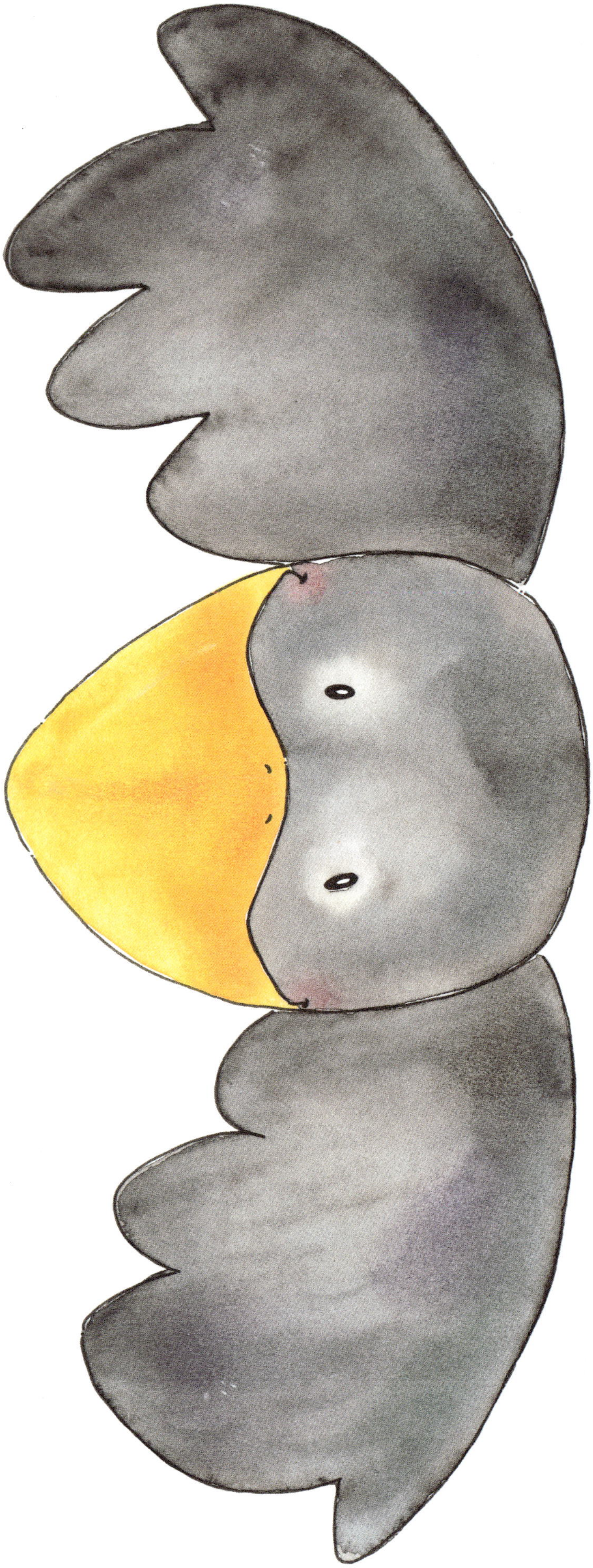

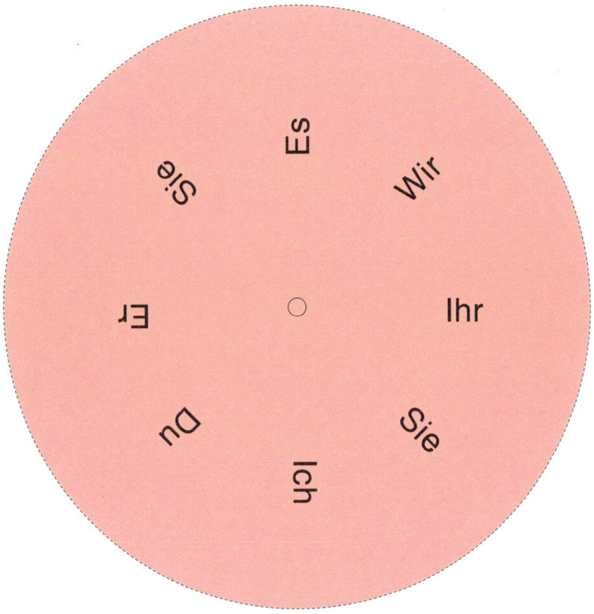
Es
Wir
Ihr
Sie
Ich
Du
Er
Sie

duschen
baden
rasieren
kämmen
waschen

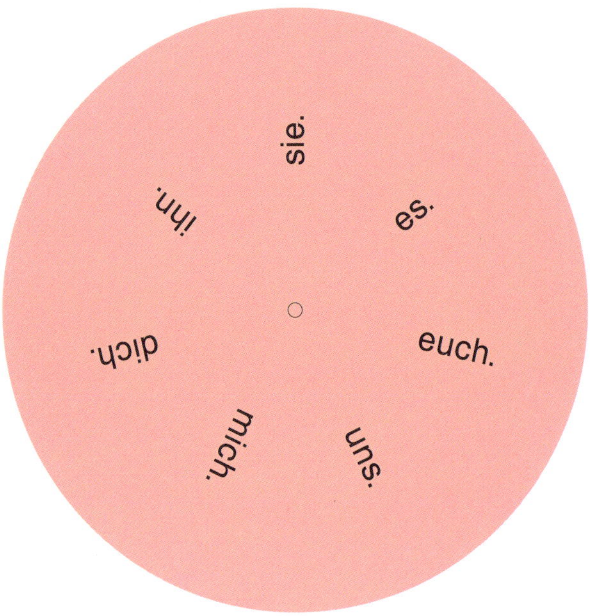
sie.
es.
euch.
uns.
mich.
dich.
ihn.